VEILCHEN, MOHN UND GÄNSEBLÜMCHEN

Dieses Buch gehört

*Für meine Mutter und Jennifer,
Lorn, Eleanor, Chloe und Robert,
die sich alle auf Pflanzensuche
begeben haben.*
CV

SC ~ In Memoriam
KP

VEILCHEN, MOHN UND GÄNSE-BLÜMCHEN

Pflanzen bestimmen mit Kindern

Charlotte Voake

Text von Kate Petty
Aus dem Englischen von
Margot Wilhelmi

GERSTENBERG

INHALT

Einführung 5

Die Jahreszeiten 6

Blüten und Blumen 8

Blattformen 9

Gelbe Blumen 10

Grüne Blumen 26

Weiße Blumen 28

Rosa Blumen 40

Rote Blumen 46

Violette Blumen 48

Blaue Blumen 56

Register und Fundliste 60

EINFÜHRUNG

Täglich begegnest du Wildblumen: am Straßenrand, als Unkraut im Garten, in Pflasterritzen ~ oder bei einem Ausflug aufs Land oder an die See. Mithilfe dieses Buches kannst du herausfinden, wie sie heißen.

Die Blumen sind nach Blütenfarben geordnet. Unter jedem Bild stehen der wissenschaftliche Artname, wie hoch die Pflanze wird, wo sie wächst und wann sie blüht. Das hilft dir, ähnliche Blumen zu unterscheiden.

Wie viele verschiedene Blumennamen kannst du dir merken? Kleine Geschichten und besondere Kennzeichen der Pflanzen helfen dir.

Schau dir die Pflanzen an Ort und Stelle genau an, aber pflücke sie nicht ab. Dann können sich auch andere an ihnen erfreuen. Du kannst ja versuchen sie zu zeichnen.

DIE JAHRESZEITEN

Je nach Jahreszeit hat eine Pflanze ganz unterschiedliche Gesichter.

FRÜHLING

Die meisten Pflanzen sprießen gerade erst aus dem Boden. Frühblüher wie Osterglocken und Veilchen beginnen aber schon zu blühen. Und bald erscheinen die gelben Blüten von Scharbockskraut und Löwenzahn in den Wiesen. Blauglöckchen, Bärlauch und Buschwindröschen in den Wäldern sagen: Es wird bald Sommer.

SOMMER

Im Frühsommer säumen Lichtnelken, Wiesenkerbel, Sternmieren, Margeriten, Hahnenfuß und Klee die Straßenränder; im Wald leuchtet der Fingerhut, am Waldrand das Taubenkropf-Leimkraut, an der See blühen Grasnelken.

HERBST

Wenn der Sommer sich dem Ende zuneigt, tragen viele Blumen Samen und Früchte statt der Blüten. Andere blühen, bis es kalt wird. In Hecken und an Zäunen blühen jetzt noch Zaunwinden, am Straßenrand und in Gärten Astern.

WINTER

Wenn es Winter wird, verschwinden viele Pflanzen und die Natur erscheint tot. Halte Ausschau nach den ersten Blättern von Osterglocken und Blauglöckchen, die sich langsam aus dem kalten Boden schieben. Wenn die kleinen weißen Schneeglöckchen erscheinen, ist der Frühling nicht mehr weit.

BLÜTEN UND BLUMEN

Blütenblätter

Eine Primel hat fünf Blütenblätter.

Ein Gänseblümchen hat hunderte.

Kelchblätter

Die meisten Blüten haben grüne Kelchblätter, die die Knospe umhüllen.

Staubblätter

Im Inneren der Blüte sitzen die Staublätter, die den Blütenstaub (Pollen) bilden.

BLATTFORMEN

Klee — Mehrere Blättchen ergeben zusammen ein Blatt.

Gänseblümchen — Die kleinen, runden Blättchen bilden am Boden eine Rosette.

Fingerhut — Die großen Blätter sind runzelig, behaart und weich und haben einen gekerbten Rand.

Löwenzahn — Die unregelmäßig gezahnten Blätter erinnern an ein Raubtiergebiss.

Blauglöckchen — Lange, schmale, spitz zulaufende Blätter

Die Blätter sind für die Bestimmung einer Pflanze ebenso wichtig wie die Blüte. Achte auf Größe und Form der Blätter und wie sie sich anfühlen. Oft haben Pflanzen mit ähnlichen Blüten ganz andere Blätter.

SCHARBOCKS-KRAUT

Der Frühling steht vor der Tür, wenn Scharbocks-kraut die Wiesen in Teppiche von goldenen Sternen und herzförmigen Blättern verwandelt.

Das Scharbockskraut ist einer der ersten Frühlingsboten.

10 cm
Wälder, Hecken, Ufer
Vorfrühling

Ranunculus ficaria
Familie: Hahnenfußgewächse

STÄNGELLOSE SCHLÜSSEL-BLUME

Diese wilden Verwandten der Gartenprimel duften wunderbar.

20 cm
Wälder, Straßenrand, Bahndämme
Vorfrühling

Primula vulgaris
Familie: Primelgewächse

OSTERGLOCKE

Ab März siehst du in den Gärten große Gelbe Narzissen oder Osterglocken. Die kleinere, blassere Wildform ist sehr selten, aber wo sie vorkommt, bildet sie große, dichte Blütenfelder.

Osterglocken, Osterzeit, Narzisse tanzt im gelben Kleid.

35 cm
Feuchte Wälder und Lichtungen
Vorfrühling

Narcissus pseudonarcissus
Familie: Narzissengewächse

HUFLATTICH

Das große, wollige Blatt hat die Form eines Pferdehufs. Es erscheint einige Zeit nach der Blüte.

Huflattich ist ein altes Hustenmittel, enthält aber auch Giftstoffe.

25 cm
Wegränder, Schuttplätze
Vorfrühling

Tussilago farfara
Familie: Korbblütler

PRIMULA VERIS BEDEUTET „ERSTE (BLUME) DES FRÜHLINGS"

ECHTE SCHLÜSSEL- BLUME

Die Blüten erinnern an alte Schlüssel, deshalb Schlüsselblume oder Himmelsschlüssel.

30 cm
Lichte Wälder, feuchte Wiesen
Frühling

Primula veris
Familie: Primelgewächse

Der gezahnte Blätterrand erinnert an ein Löwengebiss.

Nach dem Verblühen wird aus der Blüte eine Pusteblume.

LÖWENZAHN oder PUSTEBLUME

Löwenzahnblüten sehen aus wie kleine gelbe Sonnen. Wenn sich die kugeligen Pusteblumen gebildet haben, kannst du die Fallschirmchen in alle Winde pusten.

35 cm
Überall
Frühling bis Herbst

Taraxacum officinale
Familie: Korbblütler

AUS DEN JUNGEN BLÄTTERN KANNST DU LECKEREN SALAT MACHEN.

GELBDOLDE

Die Gelbdolde gehört zu den ersten Sommerblumen an der See. Die Römer brachten sie als Gemüse mit nach Norden. Sie aßen Blätter, Stängel, Wurzeln, Knospen ~ einfach alles.

1 m
Am Meer
Sommer

Smyrnium olusatrum
Familie: Doldenblütler

STECH~GINSTER

Guck nach dem gelb blühenden Stechginster, wenn du Urlaub in England machst.

2 m
Heiden, Moore, aus Westeuropa eingebürgert
Sommer

Ulex europaeus
Familie: Schmetterlingsblütler

FELSEN~NABELKRAUT

Das Nabelkraut wächst ebenfalls nicht in Deutschland. Die dicklichen Blätter sehen aus wie kleine Bäuche mit Bauchnabel, was der Pflanze ihren Namen gab.

30 cm
Süd~ und Westeuropa auf Felsen und Mauern
Sommer

Umbilicus rupestris
Familie: Dickblattgewächse

Die Form ihrer Blüten gab den Schmetterlingsblütlern ihren Namen.

Die Raupen des Grünen Zipfelfalters fressen gerne Stechginster.

50 cm
Gärten
Sommer

Meconopsis cambrica
Familie:
Mohngewächse

SCHEINMOHN

Der Scheinmohn stammt aus Westeuropa. Bei uns findet man ihn in Gärten.

WILDES STIEFMÜTTERCHEN

Oft sind die Blütenblätter dreifarbig: gelb, weiß und violett. Du kennst sicher die großblütige Gartenform.

30 cm
*Grasige Hänge,
Böschungen*
Sommer

Viola tricolor
Familie:
Veilchengewächse

16

GOLDNESSEL

Die Blätter der Goldnessel brennen nicht.
Die Pflanze gehört zu den Taubnesseln.

60 cm
Schattige Orte
Sommer

Galeobdolon luteum
Familie:
Lippenblütler

SCHÖLLKRAUT

Das Schöllkraut gehört zu den
Mohngewächsen. Sein Stängel enthält einen
orangefarbenen Saft, der sehr giftig ist.

75 cm
Wegränder, Gebüsche
Sommer

Chelidonium majus
Familie:
Mohngewächse

Der botanische Name kommt vom griechischen chelidon (Schwalbe).
Wenn die Schwalben kommen, blüht die Pflanze bei uns schon.

17

Wenn dein Kinn gelb leuchtet, magst du Butter.

BUTTERBLUME

Der Scharfe Hahnenfuß wird wegen der gelben Blüten auch Butterblume genannt. Kühe und Pferde fressen die bitteren Pflanzen nicht, aber Insekten sammeln den Pollen.

1 m
Überall
Den ganzen
Sommer über

Ranunculus acris
Familie:
Hahnenfußgewächse

55 cm
Sumpfige Wiesen
Frühjahr und
Sommer

Caltha palustris
Familie:
Hahnenfußgewächse

SUMPFSCHWERT-LILIE

Diese wilde Schwertlilie war vermutlich Vorbild für die Bourbon-Lilie, das Wappensymbol der französischen Könige. Die Blätter sind schwertförmig, scharf und spitz.

Bourbon-Lilie

1–2 m
Ufer, Gräben
Sommer

Iris pseudacorus
Familie:
Schwertliliengewächse

SUMPFDOTTERBLUME

Auch diese Pflanze wird im Volksmund Butterblume genannt. Beide Namen hat sie wegen ihrer gelben Farbe. Pass auf, dass du nicht im sumpfigen Boden einsinkst, wenn du sie dir ansiehst. Die Blumen hat man früher zum Schutz vor Hexen und Blitzschlag an Häuser gehängt.

BAU DOCH MAL EIN IRIS-BOOT!

19

NELKENWURZ

Der Wurzelstock dieser
Pflanze duftet nach
Nelken.

60 cm
Feuchte, schattige Orte
Sommer

Geum urbanum
Familie: Rosengewächse

Die stacheligen Früchte verhaken sich in Fell und Federn und werden so verbreitet.

FADENKLEE

Die typische Kleeblattform führte
zum lateinischen Namen *Trifolium*
(*tres* = drei und *folium* = Blatt). Der süß duftende Nektar lockt
Schmetterlinge an.

25 cm
Wiesen, Wegränder
Sommer

Trifolium dubium
Familie: Schmetterlingsblütler

KREUZKRAUT

Diese Pflanze heißt auch Greis~ kraut, weil die Fruchtstände mit den weißen Haaren wie ein Greisen~ haupt aussehen. Fast das ganze Jahr bringt sie Blüten und Samen hervor.

30 cm
Schuttplätze, Wege
Ganzjährig

Senecio vulgaris
Familie: Korbblütler

WIESEN~ HORNKLEE

Die Blüte läuft in ein Hörnchen aus. Die Hülsen ähneln einem Vogelfuß.

30 cm
Wiesen, Straßenränder
Sommer

Lotus corniculatus
Familie: Schmetterlingsblütler

RAPS

Raps taucht die Felder im Frühling in leuchtendes Gelb. Er wird als Futterpflanze und zur Ölgewinnung angebaut. Rapsöl kann man in der Küche, aber auch als Kraftstoff für Autos verwenden.

1 m
Straßenränder, Brachland
Frühsommer

Brassica napus
Familie: Kreuzblütler

KOHL-GÄNSEDISTEL

Die Kohl-Gänsedistel heißt auch Saudistel, weil sie früher eine beliebte Futterpflanze war. Kaninchen essen sie gern.

1 m
Äcker, Ödland
Sommer

Sonchus oleraceus
Familie: Korbblütler

JAKOBS-GREIS-KRAUT

Das Weidevieh meidet die giftige Pflanze, aber die auffällig schwarz-gelb geringelten Raupen des Jakobskraut-Bären haben sie zum Fressen gern.

1 m
Bahndämme,
Straßenränder,
Schuttplätze
Sommer

Senecio jacobaea
Familie: Korbblütler

Die Raupen speichern das Gift und sind dadurch vor Feinden geschützt.

RAINFARN

Der Name kommt daher, dass die Blätter farnähnlich aussehen. Die Pflanze ist aber mit dem Gänseblümchen verwandt. Wenn Rinder die Pflanze fressen, kann es zu schweren Vergiftungen kommen. Die getrocknete Pflanze ist als Mottenschutz geeignet.

1 m
Wegränder
Spätsommer

Tanacetum vulgare
Familie: Korbblütler

WALD~GEISSBLATT

Die Blüten des Geißblatts wechseln ihre Farbe von Weiß nach Gelb. Man kann diese Kletterpflanzen auch in Gärten sehen, besonders schön aber sieht es aus, wenn sie sich über Feldhecken winden.

Bienen kommen nicht an den Nektar tief unten in den langen Blütenröhren, wohl aber Nachtschwärmer mit ihrem langen Rüssel. Sie werden an warmen Sommerabenden vom Duft der Blüten angelockt.

Die roten Beeren, die auf die Blüten folgen, sind giftig.

2 ~ 6 m
Hecken
Sommer

Lonicera periclymenum
Familie: Geißblattgewächse

24

WUNDKLEE

Früher verwendete man die oft blutrot gefärbten Blüten zur Wundbehandlung.

50 cm
Wiesen, Wege, Hänge
Sommer

Anthyllis vulneraria
Familie: Schmetterlingsblütler

LEINKRAUT

Das Leinkraut, auch Krötenflachs genannt, hat Blüten wie ein Löwenmäulchen. Wenn man sie vorsichtig seitlich zusammendrückt, reißen sie ihren Rachen auf.

50 cm
Wiesen, Wege
Sommer

Linaria vulgaris
Familie: Rachenblütler

STINKENDE NIESWURZ

Diese Pflanze ist verwandt mit der Christrose und sehr giftig. Der botanische Name Helleborus bedeutet „Speise, die den Tod bringt".

50 cm
Wälder auf Kalkboden
Vorfrühling

Helleborus foetidus
Familie:
Hahnenfußgewächse

GARTEN~ WOLFS~ MILCH

Es gibt viele wilde Wolfsmilcharten, die alle giftigen Milchsaft (Wolfsmilch) absondern.

30 cm
Gärten, Äcker
Sommer

Euphorbia peplus
Familie:
Wolfsmilchgewächse

KLEBKRAUT

Das Klebkraut, auch Kletten~Labkraut genannt, haftet am Fell von Tieren, aber auch an Kleidung. So werden die Samen weit verbreitet.

1 m
Hecken und Gebüsch
Sommer

Galium aparine
Familie: Rötegewächse

GROSSE BRENNNESSEL

Die Blätter haben Brennhaare, die einer winzigen Spritze mit Köpfchen gleichen. Sie sind mit einer brennenden Flüssigkeit gefüllt. Bei Berührung bricht das Köpfchen ab und die Flüssigkeit wird in die Haut gespritzt. Brennnesseln brauchen gut gedüngten Boden. Junge Brennnesselblätter kann man als Gemüse kochen.

1 m
Wege, Hecken, Lichtungen
Sommer

Urtica dioica
Familie: Brennnesselgewächse

Ampferblätter sollen das Brennen lindern.

SCHNEEGLÖCKCHEN

Wenn die Schneeglöckchen im Winter die Schneedecke durchbrechen, lassen sie auf den Frühling hoffen. Ein Schneeglöckchenteppich ist ein seltener, aber wunderschöner Anblick.

20 cm
Lichte Wälder, Wiesen, aber hauptsächlich Gärten
Winter

Galanthus nivalis
Familie: Amaryllisgewächse

VOGELMIERE

Das Kraut wird gern von
Vögeln gefressen. Die
Vogelmiere wächst
überall und blüht
das ganze Jahr
über.

40 cm
Felder, Gärten, Wege
Ganzjährig, hauptsächlich
Sommer

Stellaria media
Familie: Nelkengewächse

HIRTENTÄSCHEL

Die Schotenfrüchte sehen
aus wie die früher von
Hirten getragenen Fell-
taschen. Die Pflanze
findet man fast
immer und
überall.

30 cm
Felder, Gärten, Ödland
Ganzjährig

Capsella bursa-pastoris
Familie: Kreuzblütler

WEISSE TAUBNESSEL

Diese Nessel brennt nicht. Sie ist auch nicht
mit den Brennnesseln verwandt,
sondern mit Minze.

40 cm
Wege, Ödland, Hecken,
Straßenränder
Ganzjährig

Lamium album
Familie: Lippenblütler

29

WALD~ SAUERKLEE

Diese zarte Pflanze hat kleeartige Blätter, die bei kühlen Temperaturen, bei Dunkelheit und bei zu viel Licht nach unten klappen. Sie schmecken säuerlich~herb.

Im Englischen heißt das Windröschen auch „Großmutters Schlafmütze".

BUSCHWINDRÖSCHEN oder ANEMONE

Buschwindröschen haben geschlitzte Blätter. Ganze Teppiche wiegen sich im Frühling in den Wäldern im Wind. Wenn die Bäume dann den Waldboden beschatten, verschwinden die Buschwind~ röschen oberirdisch.

30 cm
Laubbedeckter
Waldboden
Vorfrühling

Anemone nemorosa
Familie:
Hahnenfußgewächse

30 cm
Krautreiche
Wälder
Frühling

Oxalis acetosella
Familie:
Sauerkleegewächse

WALDMEISTER

Waldmeister riecht am stärksten,
wenn er welkt. Waldmeister
kann man für Getränke oder
~ getrocknet ~ als Duftkraut
für den Wäscheschrank
benutzen.

BÄRLAUCH

Wenn es im Wald stark nach
Knoblauch riecht, wächst wahrschein-
lich in der Nähe Bärlauch mit seinen
sternförmigen Blüten. Aus den Blättern
kann man Pesto, Bärlauch-Quark
und andere leckere
Dinge machen.

30 cm
Laubbedeckter Waldboden
auf Kalk
Frühling

Galium odoratum
Familie: Rötegewächse

30 cm
Feuchte Wälder
Frühling

Allium ursinum
Familie:
Lauchgewächse

GROSSE STERNMIERE

Die sternförmigen Blüten gaben der
Pflanze ihren Namen.

50 cm
Straßenränder und hohes
Gras
Frühsommer

Stellaria holostea
Familie: Nelkengewächse

Die Blütenblätter sind bis zur Hälfte gespalten.

Die Raupen des Auronafalters sehen genauso aus wie die Schoten, die sie fressen.

KNOBLAUCHSRAUKE oder LAUCHHEDERICH

Früher aß man die Pflanze als Salat oder Gemüse.
Die Blätter müssen aber gepflückt
werden, bevor die Blüten kommen.
Sie schmecken nach Senf und
Knoblauch und eignen sich auch
als Gewürz.

90 cm
Feuchte Wälder, schattige
Hecken
Frühsommer

Alliaria petiolata
Familie: Kreuzblütler

32

SPITZWEGERICH

Diese Wegerichart ist häufig. Deshalb kann man sie ruhig pflücken. Die getrockneten Blätter ergeben einen guten Hustentee.

30 cm
Wege, Wiesen, Äcker
Sommer

Plantago lanceolata
Familie:
Wegerichgewächse

Mit den Köpfchen der Pflanze kannst du auf Dosen zielen.

20 cm
Böschungen, Wälder, Hecken
Frühling

Fragaria vesca
Familie:
Rosengewächse

WALDERDBEERE

Hier gibt es etwas zu essen! Wenn es Sommer wird, reifen aus den Blüten kleine, süße Erdbeeren. Wasche sie gründlich ab, bevor du sie isst.

GÄNSE- BLÜMCHEN

Gänseblümchen blühen fast das ganze Jahr. Wusstest du, dass das Blütenköpfchen aus etwa 250 winzigen Blüten besteht? Nachts schließen sich die Blüten.

5–15 cm
Kurzes Gras, Wiesen, Felder
Fast das ganze Jahr über

Bellis perennis
Familie: Korbblütler

WIR MACHEN EINE GIRLANDE: GÄNSEBLÜMCHENSTÄNGEL MIT DEM FINGERNAGEL SCHLITZEN UND DAS NÄCHSTE BLÜMCHEN DURCHSTECKEN!

WEISSKLEE

Die Pflanze liefert gutes Futter für Kühe und Bienen. Kleehonig schmeckt lecker. Klee ist dreiblättrig, aber wenn man gründlich sucht, kann man Vierblättrigen finden. Der bringt Glück!

25 cm
Wiesen
Sommer

Trifolium repens
Familie: Schmetterlingsblütler

WIESEN-KERBEL

Diese Pflanze überzieht Wald- und Feldraine im Sommer mit einer weißen Spitzendecke.

1 m
Wegränder, Waldränder
Frühsommer

Anthriscus sylvestris
Familie: Doldenblütler

ERD-KASTANIE

Die Erdkastanien sind die essbaren knolligen Wurzelstöcke der Pflanze.

50 cm
Lichte Wälder, schattige Orte
Sommer

Conopodium majus
Familie: Doldenblütler

MARGERITE oder WUCHER-BLUME

Wie der Name Wucherblume verrät, wächst die Pflanze oft in großen Mengen an Straßenböschungen.

65 cm
Böschungen, Äcker
Sommer

Leucanthemum vulgare
Familie: Korbblütler

MÄDESÜSS oder SPIERSTAUDE

Die Spierstaude wächst an Bachläufen und hat süß duftende, flauschige Blütenstände. Ihre Blätter sind auf der unteren Seite so weich wie Hasenohren.

1 m
Feuchte Orte
Sommer

Filipendula ulmaria
Familie: Rosengewächse

KLEINES MÄDESÜSS

Diese Art wächst an trockeneren Stellen. Ihre Knospen haben rote Spitzen.

60 cm
Trockenrasen, auf Kalkboden
Sommer

Filipendula vulgaris
Familie: Rosengewächse

SCHAFGARBE

Die winzigen Blütenköpfchen der
Schafgarbe können rosa oder weiß sein,
ihre federartigen Blätter riechen
unverwechselbar aromatisch.

60 cm
Wiesen, Hecken,
Straßenränder
Sommer

Achillea millefolium
Familie: Korbblütler

Millefolium (tausend Blätter) beschreibt die Blattform.

Der Saft von Schafgarbenblättern hat eine blutstillende Wirkung.

WEISSE LICHTNELKE

Lichtnelken, rote oder weiße, manchmal auch rosa Mischlinge, findest du im Sommer unter Hecken.

Für die Blütenbestäubung sorgen Nachtfalter, denn die Blüten fangen erst abends an zu duften.

80 cm
Straßenränder,
Hecken
Sommer

Silene alba
Familie:
Nelkengewächse

AUF ENGLISCH HEISST DIE LICHTNELKE CHAMPION.

BEHAARTES SCHAUMKRAUT

20 cm
Trockenes, offenes Land,
Felsen
Frühling bis Herbst

Cardamine hirsuta
Familie: Kreuzblütler

Man findet dieses häufige Wildkraut an trockenen Standorten. Es ist nicht so behaart, wie der Name vermuten lässt.

Die geschlossenen Blüten sind wie ein Regenschirm zusammengerollt.

Kletterstängel bis zu 3 m
Hecken, Gebüsche in Wassernähe
Spätsommer

Calystegia sepium
Familie: Windengewächse

ZAUNWINDE

Die Zaunwinde windet sich gegen den Uhrzeigersinn um andere Pflanzen und Zaunpfähle. Die großen Trichterblüten sind auch nachts geöffnet und werden von Nachtfaltern bestäubt.

TAUBENKROPF~ LEIMKRAUT

Wenn der Blütenkelch aufgebläht ist wie ein Ballon oder ein Taubenkropf, hast du Taubenkropf~Leimkraut gefunden.

80 cm
Äcker, Straßenränder
Sommer

Silene vulgaris
Familie: Nelkengewächse

WIESEN-SCHAUM-KRAUT

Aus der Ferne kann eine Wiese voller Schaumkraut weiß aussehen, aber genau betrachtet sind die Blüten zartrosa oder lila.

70 cm
Feuchte, sumpfige Orte
Frühsommer

Cardamine pratensis
Familie: Kreuzblütler

KUCKUCKS-LICHTNELKE

An den Stängeln sitzen oft Schaumnester („Kuckucksspucke") mit Schaumzikadenlarven.

70 cm
Feuchte Orte
Frühsommer

Lychnis flos-cuculi
Familie: Nelkengewächse

DU KANNST MICH „KUCKUCK" RUFEN HÖREN, WENN DIESE BLUMEN BLÜHEN.

HECKENROSE

Im Sommer entstehen aus den hübschen zartrosa Blüten der stacheligen Büsche orangerote Hagebutten. Sie enthalten viel Vitamin C. Man kann Tee und Marmelade daraus kochen.

Büsche 1–2 m
Wälder, Hecken, unbebautes Land
Hochsommer

Rosa canina
Familie: Rosengewächse

Im Hochsommer sind die Hecken voller Blüten.

RUPRECHTSKRAUT

Diese Pflanze heißt auch Stinkender Storchschnabel. Sie riecht unangenehm. Der Name Storchschnabel bezieht sich auf die Form der Frucht.

ROTE LICHTNELKE

Diese Blume kannst du im Sommer häufig im Schatten von Hecken finden.

45 cm
Wälder, Hecken, Mauern, Gärten
Fast das ganze Jahr

Geranium robertianum
Familie: Storchschnabelgewächse

80 cm
Wälder, Straßenränder, Hecken
Sommer

Silene dioica
Familie: Nelkengewächse

GRASNELKE

Blaues Meer, blauer Himmel und rosa Grasnelken auf Strandwiesen und Klippen. Das sind die Farben des Frühsommers am Meer.

30 cm
Strand- und Salzwiesen
Frühsommer

Armeria maritima
Familie:
Bleiwurzgewächse

10 cm
Salzsümpfe,
Felsspalten,
Küstennähe
Sommer

Spergularia rubra
Familie:
Nelkengewächse

SPÄRKLING

Die kleine Rote Schuppenmiere oder der Spärkling verträgt salzigen Boden. Deshalb gedeiht auch sie an der Küste.

FLOHKNÖTERICH

Mit diesem häufigen Unkraut vertrieb man früher Flöhe. Es heißt, die schwarzen Flecken auf den Blättern seien das Blut Christi oder ein Abdruck des Teufels.

70 cm
Ödland, Felder, Gräben
Sommer

Polygonum persicaria
Familie:
Knöterichgewächse

42

ROTKLEE

Wie sein weißer Verwandter ist der Rotklee gut für Kühe und Bienen – für Milch und Honig. Die getrockneten Blütenköpfe wurden früher als Heilmittel gegen Bauchschmerzen und Schlafstörungen verwendet.

50 cm
Wiesen, Äcker
Sommer

Trifolium pratense
Familie:
Schmetterlingsblütler

ERDRAUCH

Den Namen erhielt die Pflanze, weil ihre rauchig grünen Blätter wie Rauch aus der Erde aufsteigen.

50 cm
Straßenränder, Äcker
Sommer

Fumaria officinalis
Familie:
Erdrauchgewächse

BERG~
WEIDENRÖSCHEN

FEUERKRAUT

Das Schmalblättrige Weidenröschen heißt auch Feuerkraut, weil es zu den ersten Pflanzen gehört, die dort wachsen, wo es gebrannt hat. Die Samen haben einen weißen Haarschopf, damit der Wind sie besser forttragen kann.

Bei diesem Weidenröschen sitzt jeweils eine winzige rosa Blüte an einem Stängel. Du findest es fast überall.

60 cm
Wälder, Hecken, Straßenränder, Mauern
Hochsommer

Epilobium montanum
Familie: Nachtkerzengewächse

ERST ROTE FLAMMEN, DANN ROSA BLÜTEN.

1,5 m
Ödland, Kahlschläge
Sommer

Chamaenerion angustifolium
Familie: Nachtkerzengewächse

SPORNBLUME

Die Blüten der Spornblume können rosarot oder weiß sein. Der Kleine Fuchs, ein Schmetterling, mag diese Gartenblume, die häufig an Bahndämmen und Straßenböschungen wächst.

1,5 m
Wälder, Wiesen, zwischen anderen großen Blumen
Sommer

Centranthus ruber
Familie: Baldriangewächse

SUMPF~ZIEST oder SCHWEINSRÜBE

Mit den Knollen der Pflanze hat man früher Schweine gefüttert. Die Lippenblüten sind hübsch getüpfelt.

80 cm
Nasse Stellen
Sommer

Stachys palustris
Familie: Lippenblütler

45

KLATSCHMOHN

Der Klatschmohn ist eine der schönsten und größten Wildblumen. Die Blütenblätter erinnern an rote Seide.

Die Samen sind in einer Porenkapsel, aus der sie wie aus einer Streubüchse herausgeblasen werden, wenn der Wind die Kapsel bewegt.

60 cm
Felder, Ödland,
Wegränder
Sommer

Papaver rhoeas
Familie:
Mohngewächse

Mohnsamen nimmt man für Brötchen und Kuchen.

MONTBRETIE

Die Montbretie ist keine heimische Pflanze, sondern stammt aus Südafrika. Die Gartenpflanze hat mit ihrem Orangerot eine typische Herbstfarbe.

80 cm
Gärten, Ufer, Schuttplätze
Spätsommer

Crocosmia hybrida
Familie:
Schwertliliengewächse

ACKER-GAUCHHEIL

Die kleinen, leuchtend roten Blüten sind Wetterpropheten: Sie schließen sich, wenn es Regen gibt. Die Pflanze sollte Dummheit heilen (mittelhochdeutsch „Gauch" bedeutet Narr).

25 cm
Ödland, Äcker, Wege
Sommer

Anagallis arvensis
Familie: Primelgewächse

GUNDERMANN oder GUNDELREBE

Die Pflanze wächst wie eine Kletter-
pflanze, daher der Name Gundelrebe oder
der lateinische Artname *hederacea*
(= efeuartig).

25 m
Wälder, Hecken, Ödland
Vorfrühling

Glechoma hederacea
Familie: Lippenblütler

WOHLRIECHENDES VEILCHEN

An Böschungen oder unter Hecken
wachsen die kleinen Veilchen und
verströmen einen starken,
süßen Geruch. Diese
Art duftet besonders
gut.

25 cm
Gebüsche, schattige
Wegränder, Waldränder
Vorfrühling

Viola odorata
Familie:
Veilchengewächse

ZAUNWICKE

Wicken gehören zu den Schmetterlingsblütlern.
Die Zaunwicke klettert durch Hecken.
Ihre Hülsen sind rabenschwarz
und geschnäbelt.

60 cm
Hecken und Wälder
Sommer

Vicia sepium
Familie:
Schmetterlingsblütler

KRA!

MAUER~ZIMBEL~ oder ZIMBELKRAUT

Suche an alten Mauern und Steintreppen nach den
kleinen violetten Blüten, die sich zum Licht wenden.
Die Früchte drehen sich genau andersherum,
sodass die Samen in Mauerritzen landen und
dort auskeimen.

70 cm
Mauern und Felsspalten
Sommer

Cymbalaria muralis
Familie: Rachenblütler

ROTER FINGERHUT

Aus den Blättern des Fingerhuts gewinnt man ein Mittel gegen Herzkrankheiten. Die ganze Pflanze ist sehr giftig, deshalb: Finger weg!

1 m
Wälder, Hecken, Böschungen
Sommer

Digitalis purpurea
Familie: Rachenblütler

ECHTE BRAUNELLE

Die Pflanze wurde früher gegen die Krankheit Rachenbräune (Diphtherie) verwendet.

20 cm
Äcker, Wegränder, Wiesen
Sommer

Prunella vulgaris
Familie: Lippenblütler

Im Englischen heißt der Fingerhut Foxglove, was „Fuchshandschuh" bedeutet.

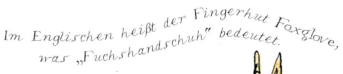

AKELEI

Im Englischen heißt die Akelei wegen ihrer Blütenform *Columbine*, vom lateinischen *columba* für Taube.

70 cm
Wälder, Gärten
Frühsommer

Aquilegia vulgaris
Familie:
Hahnenfußgewächse

SKABIOSE

Die Pflanze wurde früher zur Behandlung der Hautkrankheit Krätze (*Scabies*) benutzt. Sie heißt auch Acker-Witwenblume.

80 cm
Straßenböschungen, Wege, Felder
Sommer

Knautia arvensis
Familie:
Kardengewächse

WILDE MALVE

Diese Pflanze mit den großen violetten Blüten ist unverwechselbar. Sie wächst an Weg- und Straßenrändern.

Wegen ihrer einem runden Käse gleichenden Früchte wird die Malve auch Käsepappel genannt.

1,5 m
Wege, Straßenränder, Äcker, Ödland
Sommer

Malva sylvestris
Familie:
Malvengewächse

51

KARDE

Karden sehen auch noch gut aus, wenn sie verblüht sind. Die stacheligen Fruchtstände wurden früher zum Aufrauen von Geweben benutzt.

Die Samen sind wollig, behaart und reich an Öl.

ACKER~ KRATZDISTEL

Vorsicht! An Disteln kann man sich so stark stechen, dass es blutet. Die verwandte Kohl~Kratzdistel ist nicht stachelig und wurde früher als Futterpflanze verwendet.

HMM, DISTELN!

2 m
Straßenränder, Äcker
Sommer

Dipsacus fullonum
Familie:
Kardengewächse

1 m
Straßenränder, Äcker
Sommer

Cirsium arvense
Familie: Korbblütler

FLOCKENBLUME

Flockenblumen ähneln Disteln, haben aber keine Dornen. Der Stängel ist sehr fest. Du siehst hier die Schwarze Flockenblume, die ebenso häufige Skabiosen-Flockenblume hat fedrigere Blätter.

50 cm
Wegränder
Sommer

Centaurea nigra
Familie: Korbblütler

Früher benutzte man Flockenblumen zum Heilen von Schnitten und Blutergüssen.

Der botanische Name kommt von „Kentaur", einem griechischen Fabelwesen, das halb Mensch, halb Pferd war.

BITTERSÜSSER NACHTSCHATTEN

Auch wenn sie eine Verwandte von Kartoffel und Tomate ist, diese Pflanze ist ~ wie die meisten Nachtschattengewächse ~ in allen Teilen giftig. Vor allem die unreifen Beeren können tödlich sein.

1,75 m
Hecken, Ufer, Wälder
Sommer

Solanum dulcamara
Familie:
Nachtschattengewächse

Beinwellblüten können violett, weiß oder cremefarben sein.

BEINWELL

Früher verwendete man die Pflanze bei Knochenbrüchen (Bein = Knochen, well von wallen = zuwachsen). Man schabte die Wurzel und erhielt ein Gel, das man wie einen Gipsverband auftrug.

1 m
Feuchte Stellen
Sommer

Symphytum officinale
Familie:
Raublattgewächse

BESENHEIDE

Im Frühherbst verwandelt das Heidekraut Heide und Moore in ein Meer von Purpur. Früher stellte man aus Heidekraut Besen her.

60 cm
Heide, Moore,
Kiefernwälder
Herbst

Calluna vulgaris
Familie:
Heidekrautgewächse

Aster (griechisch für Stern) beschreibt, wie die Blütenköpfe aussehen.

NEUBELGISCHE ASTER

Auch diese Pflanze ist aus Gärten entkommen und besiedelt nun Ufer und Straßenränder. Sie stammt ursprünglich aus Nordamerika.

1,5 m
Straßenränder, Ufer,
Bahndämme, Gärten
Herbst

Aster novi-belgii
Familie: Korbblütler

BLAU-GLÖCKCHEN

Blau- oder Hasenglöckchen bilden im Frühjahr oft herrlich blaue Teppiche am Waldboden. Es lohnt sich, dann im Wald danach zu suchen.

Blauglöckchen sind wilde Hyazinthen und duften ebenso gut wie die im Garten.

30 cm
Wälder, Hecken,
unter Bäumen
Frühjahr

Endymion non-scriptus
Familie: Liliengewächse

Myosotis bedeutet „Mauseohr" – schau die Blattform an.

VERGISS-MEINNICHT

Seit vielen hundert Jahren schenken sich Liebende zum Abschied Vergissmeinnicht, um die Erinnerung wach zu halten. Die kleinen blauen Blumen wachsen an Bächen und Flüssen.

45 cm
Feuchte Stellen, Gärten
Frühsommer

Myosotis
Familie: Raublattgewächse

EHRENPREIS

Versucht man ihn zu pflücken, so fallen die Blüten sofort ab. Das hat ihm wohl seinen anderen Namen Männertreu eingebracht. Hier sieht man den Gamander-Ehrenpreis.

Gamander bedeutet „kleine Eiche" und beschreibt die Blattform.

35 cm
Hecken, Wiesen und Wälder
Frühsommer

Veronica chamaedrys
Familie: Rachenblütler

SPANISCHE OCHSENZUNGE

Diese immergrüne Ochsenzunge kam ursprünglich nur in Gärten vor. Die Blätter sind rau und haarig.

80 cm
Hecken, Gärten
Frühsommer

Pentaglottis sempervirens
Familie: Raublattgewächse

57

KORNBLUME

Früher waren die Kornfelder bunt gesprenkelt mit rotem Mohn und blauen Kornblumen. Heute sieht man Kornblumen häufiger in Gärten als auf Feldern. Auf Bergwiesen findest du die ausdauernde Berg-Flockenblume.

80 cm
Kornfelder, Ödland, Gärten
Sommer

Centaurea cyanus
Familie: Korbblütler

KREUZ-BLÜMCHEN

Der botanische Name Polygala bedeutet „viel Milch". Früher glaubte man, Kühe gäben mehr Milch, wenn sie diese Pflanze fressen.

20 cm
Wiesen, Wegränder
Sommer

Polygala vulgaris
Familie: Kreuzblumengewächse

RUNDBLÄTTRIGE GLOCKENBLUME

Rundlich sind nur die Rosettenblätter an den Ausläufern der Pflanze am Boden, die Stängelblätter sind länglich. Die Blüten schwingen wie Glocken im Wind.

Im Englischen heißen diese Blumen Hasenglöckchen.

40 cm
Dünen, Felsen, Dämme, Wege
Sommer

Jasione montana
Familie:
Glockenblumengewächse

SCHAFS-RAPUNZEL

Auf den ersten Blick erinnert die Schafsrapunzel, auch Schafskabiose genannt, an eine Skabiose, aber sie ist mit den Glockenblumen verwandt.

30 cm
Wiesen, Fels- und Mauerspalten
Spätsommer

Campanula rotundifolia
Familie:
Glockenblumengewächse

Register

A
Acker-Gauchheil, *Anagallis arvensis* 47
Acker-Kratzdistel, *Cirsium arvense* 52
Akelei, *Aquilegia vulgaris* 51
Anemone, *Anemone nemorosa* 30
Aster, Neubelgische, *Aster novi-belgii* 55

B
Bärlauch, *Allium ursinum* 31
Beinwell, *Symphytum officinale* 54
Berg-Weidenröschen, *Epilobium montanum* 44
Besenheide, *Calluna vulgaris* 55
Blauglöckchen, *Endymion non-scriptus* 56
Braunelle, Echte, *Prunella vulgaris* 50
Brennnessel, Große, *Urtica dioica* 27
Buschwindröschen, *Anemone nemorosa* 30
Butterblume, *Ranunculus acris* 18

E
Ehrenpreis, *Veronica chamaedrys* 57
Erdkastanie, *Conopodium majus* 35
Erdrauch, *Fumaria officinalis* 43

F
Fadenklee, *Trifolium dubium* 20
Felsen-Nabelkraut, *Umbilicus rupestris* 15
Feuerkraut, *Chamaenerion angustifolium* 44

Fingerhut, Roter, *Digitalis purpurea* 50
Flockenblume, Schwarze, *Centaurea nigra* 53
Flohknöterich, *Polygonum persicaria* 42

G
Gänseblümchen, *Bellis perennis* 34
Garten-Wolfsmilch, *Euphorbia peplus* 26
Gelbdolde, *Smyrnium olusatrum* 14
Glockenblume, Rundblättrige, *Campanula rotundifolia* 59
Goldnessel, *Galeobdolon luteum* 17
Grasnelke, *Armeria maritima* 42
Gundelrebe, *Glechoma hederacea* 48
Gundermann, *Glechoma hederacea* 48

H
Heckenrose, *Rosa canina* 40
Hirtentäschel, *Capsella bursa-pastoris* 29
Huflattich, *Tussilago farfara* 12

J
Jakobs-Greiskraut, *Senecio jacobaea* 23

K
Karde, *Dipsacus fullonum* 52
Klatschmohn, *Papaver rhoeas* 46
Klebkraut, *Galium aparine* 26

Knoblauchsrauke, *Alliaria petiolata* 32
Kohl-Gänsedistel, *Sonchus oleraceus* 22
Kornblume, *Centaurea cyanus* 58
Kreuzblümchen, *Polygala vulgaris* 58
Kreuzkraut, *Senecio vulgaris* 21
Kuckuckslichtnelke, *Lychnis flos-cuculi* 40

L

Lauchhederich, *Alliaria petiolata* 32
Leinkraut, *Linaria vulgaris* 25
Lichtnelke, Rote, *Silene dioica* 41
Lichtnelke, Weiße, *Silene alba* 38
Löwenzahn, *Taraxacum officinale* 13

M

Mädesüß, *Filipendula ulmaria* 36
Mädesüß, Kleines, *Filipendula vulgaris* 36
Malve, Wilde, *Malva sylvestris* 51
Margerite, *Leucanthemum vulgare* 35
Mauer-Zimbelkraut, *Cymbalaria muralis* 49
Montbretie, *Crocosmia hybrida* 47

N

Nachtschatten, Bittersüßer, *Solanum dulcamara* 54
Nelkenwurz, *Geum urbanum* 20
Nieswurz, Stinkende, *Helleborus foetidus* 26

O

Ochsenzunge, Spanische, *Pentaglottis sempervirens* 57
Osterglocke, *Narcissus pseudonarcissus* 11

P

Pusteblume, *Taraxacum officinale* 13

R

Rainfarn, *Tanacetum vulgare* 23
Raps, *Brassica napus* 22
Rotklee, *Trifolium pratense* 43
Ruprechtskraut, *Geranium robertianum* 41

S

Schafgarbe, *Achillea millefolium* 37
Schafsrapunzel, *Jasione montana* 59
Scharbockskraut, *Ranunculus ficaria* 10
Schaumkraut, Behaartes, *Cardamine hirsuta* 38
Scheinmohn, *Meconopsis cambrica* 16
Schlüsselblume, Echte, *Primula veris* 12
Schlüsselblume, Stängellose, *Primula vulgaris* 10
Schneeglöckchen, *Galanthus nivalis* 28
Schöllkraut, *Chelidonium majus* 17
Schweinsrübe, *Stachys palustris* 45
Skabiose, *Knautia arvensis* 51
Spärkling, *Spergularia rubra* 42

Spierstaude, *Filipendula ulmaria* 36
Spitzwegerich, *Plantago lanceolata* 33
Spornblume, *Centranthus ruber* 45
Stechginster, *Ulex europaeus* 15
Sternmiere, Große, *Stellaria holostea* 32
Stiefmütterchen, Wildes, *Viola tricolor* 16
Sumpfdotterblume, *Caltha palustris* 19
Sumpfschwertlilie, *Iris pseudacorus* 19
Sumpf-Ziest, *Stachys palustris* 45

T

Taubenkropf-Leimkraut, *Silene vulgaris* 39
Taubnessel, Weiße, *Lamium album* 29

V

Veilchen, Wohlriechendes, *Viola odorata* 48
Vergissmeinnicht, *Myosotis* 56
Vogelmiere, *Stellaria media* 29

W

Walderdbeere, *Fragaria vesca* 33
Wald-Geißblatt, *Lonicera periclymenum* 24
Waldmeister, *Galium odoratum* 31
Wald-Sauerklee, *Oxalis acetosella* 30
Weißklee, *Trifolium repens* 34

Wiesen-Hornklee, *Lotus corniculatus* 21
Wiesenkerbel, *Anthriscus sylvestris* 35
Wiesenschaumkraut, *Cardamine pratensis* 40
Wucherblume, *Leucanthemum vulgare* 35
Wundklee, *Anthyllis vulneraria* 25

Z

Zaunwicke, *Vicia sepium* 49
Zaunwinde, *Calystegia sepium* 39
Zimbelkraut, *Cymbalaria muralis* 49

Waldrebe (*Clematis vitalba*) im Herbst

Fundliste

- [ ] Acker~Gauchheil
- [ ] Acker~Kratzdistel
- [ ] Akelei
- [ ] Aster, Neubelgische
- [ ] Bärlauch
- [ ] Beinwell
- [ ] Berg~Weidenröschen
- [ ] Besenheide
- [ ] Blauglöckchen
- [ ] Braunelle, Echte
- [ ] Brennnessel, Große
- [ ] Buschwindröschen
- [ ] Butterblume
- [ ] Ehrenpreis
- [ ] Erdkastanie
- [ ] Erdrauch
- [ ] Fadenklee
- [ ] Felsen~Nabelkraut
- [ ] Feuerkraut
- [ ] Fingerhut, Roter
- [ ] Flockenblume
- [ ] Flohknöterich
- [ ] Gänseblümchen
- [ ] Garten~Wolfsmilch
- [ ] Gelbdolde
- [ ] Glockenblume, Rundblättrige
- [ ] Goldnessel
- [ ] Grasnelke
- [ ] Gundermann
- [ ] Heckenrose
- [ ] Hirtentäschel
- [ ] Huflattich

- [ ] Jakobs~Greiskraut
- [ ] Karde
- [ ] Klatschmohn
- [ ] Klebkraut
- [ ] Knoblauchsrauke
- [ ] Kohl~Gänsedistel
- [ ] Kornblume
- [ ] Kreuzblümchen
- [ ] Kreuzkraut
- [ ] Kuckuckslichtnelke
- [ ] Leinkraut
- [ ] Lichtnelke, Rote
- [ ] Lichtnelke, Weiße
- [ ] Löwenzahn
- [ ] Mädesüß
- [ ] Mädesüß, Kleines
- [ ] Malve, Wilde
- [ ] Margerite
- [ ] Montbretie
- [ ] Nachtschatten, Bittersüßer
- [ ] Nelkenwurz
- [ ] Nieswurz, Stinkende
- [ ] Ochsenzunge, Spanische
- [ ] Osterglocke
- [ ] Rainfarn
- [ ] Raps
- [ ] Rotklee
- [ ] Ruprechtskraut
- [ ] Schafgarbe
- [ ] Schafsrapunzel
- [ ] Scharbockskraut
- [ ] Schaumkraut, Behaartes

- [ ] Scheinmohn
- [ ] Schlüsselblume, Echte
- [ ] Schlüsselblume, Stängellose
- [ ] Schneeglöckchen
- [ ] Schöllkraut
- [ ] Skabiose
- [ ] Spärkling
- [ ] Spitzwegerich
- [ ] Spornblume
- [ ] Stechginster
- [ ] Sternmiere, Große
- [ ] Stiefmütterchen, Wildes
- [ ] Sumpfdotterblume
- [ ] Sumpfschwertlilie
- [ ] Sumpf~Ziest
- [ ] Taubenkropf~Leimkraut
- [ ] Taubnessel, Weiße
- [ ] Veilchen, Wohlriechendes
- [ ] Vergissmeinnicht
- [ ] Vogelmiere
- [ ] Walderdbeere
- [ ] Wald~Geißblatt
- [ ] Waldmeister
- [ ] Wald~Sauerklee
- [ ] Weißklee
- [ ] Wiesen~Hornklee
- [ ] Wiesenkerbel
- [ ] Wiesenschaumkraut
- [ ] Wundklee
- [ ] Zaunwicke
- [ ] Zaunwinde
- [ ] Zimbelkraut

Für die kritische Durchsicht danken wir Hal Jos.
3. Auflage 2010
Copyright © 2004, Kate Petty für den Text. Alle Rechte vorbehalten.
Copyright © 2004, Charlotte Voake für die Illustrationen. Alle Rechte vorbehalten.
Copyright der deutschen Ausgabe © 2006 Gerstenberg Verlag, Hildesheim
Die Originalausgabe erschien unter dem Titel *A Child's Guide to Wild Flowers* bei
Eden Projects Books, an imprint of Transworld Publisher's, London
Übersetzung aus dem Englischen: Margot Wilhelmi
Satz und Handlettering: Stolte Design
Alle deutschsprachigen Rechte vorbehalten
Printed in Singapore
ISBN 978-3-8369-5106-7